(464e) CATALOGUE

ESTAMPES

ANCIENNES, MODERNES

ET

ÉCOLE DU XVIIIe SIÈCLE

Ornements

PORTRAITS

ILLUSTRATIONS, VIGNETTES

DONT LA VENTE AURA LIEU

HOTEL DES COMMISSAIRES-PRISEURS

RUE DROUOT, 9, SALLE N° 4

AU PREMIER ÉTAGE

Le Jeudi 28 Octobre 1880

A UNE HEURE PRÉCISE

Me **Maurice DELESTRE**, Commissaire-Priseur,
rue Drouot, 27,
Assisté de M. **VIGNÈRES**, Marchand d'Estampes,
rue de la Monnaie, 21, à l'entre-sol,
CHEZ LEQUEL SE DISTRIBUE LE CATALOGUE

PARIS — 1880

PORTRAITS

GRAVÉS SUR ACIER

A CLAIRE-VOIE, IN-12, FORMAT IN-8

CHAQUE 50 C. OU 1 FR., SELON LA RARETÉ

Bailly (J.-S.), présid. de l'Assembl. nat.
Barras (P.-F.-J.-N.), député convent.
Beauharnais (Eugène).
Béranger, poëte chansonnier.
Bernardin de Saint-Pierre.
Berryer, avocat, député.
Bertrand (Henri-Gratien, comte).
Boïeldieu, musicien compositeur.
Bossuet (J.-B.), évêque de Meaux.
Brissot de Warville (J.-P.), dép. conv.
Broussais (F.-J.-V.), médecin, prof.
Byron (Lord).
Callot (Jacques), célèbre graveur.
Chaptal (J.-A.), comte de Chanteloup.
Chateaubriand (F.-A. vicomte de).
Condorcet, conventionnel.
Corneille (Pierre), aut. dramatique.
Courier (Paul-Louis), écriv. politique.
Cromwell (Olivier).
Delavigne (Casimir), aut. dramat.
Descartes (René), mathématicien.
Desmoulins (Camille), conventionnel.
Dubois (A.), médecin.
Dupin aîné, avocat.
Dupuytren (Baron), chirurgien.
Fourcroy (Ant.-François de), chim.
Fox, ministre anglais.
Foy, général.
Franklin (Benjamin).
Gall (F.-J.), fondat. de la phrénologie.
Gourgaud (Gaspard), général.
Grégoire (H. comte abbé), convent.
Hérold, musicien compositeur.
Hoche (Lazare), général.
Holbein (Jean), peintre.
Hugo (Victor).
Humboldt (Baron F.-H.-Alex.).
Kléber (J.-B.), général.
Kosciusko (Th.), général polonais.
Lafayette, général.
Laffitte (J.), banquier.
Lamartine (A. de), littérateur.
Lamennais (Abbé).
Lannes (Jean), maréchal de France.
La Pérouse (J.-F.-Galaup de), voyageur.
La Place (P.-S. marquis de).
Las Cases (Comte de).
Machiavel (Nicolas).
Maintenon (Marquise de).
Marie Stuart.
Mars (Mlle).
Masséna (André), maréchal de France.
Maury (J.-S. abbé), cardinal.
Milton (Jean), poëte anglais.
Mirabeau (H.-G. Riquetti comte de).
Molière.
Montaigne (Michel de).
Montesquiou Fezensac (Marquis de).
Moreau (J.-V.), général.
Napoléon Ier.
Napoléon, duc de Reichstadt.
Napoléon (Louis), 1778-1846.
Ney (Michel), maréchal.
Ninon de Lenclos.
Orfila, médecin.
Paré (Ambroise), chirurgien.
Perrier (Casimir), 1777-1832.
Pichegru (Charles), général.
Poussin (Nicolas), peintre.
Prieur (C.-A.), système décimal.
Racine (Jean), poëte dramatique.
Raphael Sanzio, peintre.
Rossini, musicien compositeur.
Rousseau (J.-J.), écrivain, philosophe.
Rubens (P.-P.), peintre.
Sabatier (B.), chirurgien.
Schiller (F.), historien, poëte.
Sévigné (Marquise de).
Stanislas Leczinski, roi de Pologne.
Suchet, maréchal de France.
Taglioni (Mlle), danseuse, Opéra.
Talleyrand (Prince de).
Talma (Fr.-Joseph), tragédien.
Tell (Guillaume).
Titien, peintre.
Tourneur (Pierre le), littérateur.
Van Dyck (Antoine), peintre.
Voltaire (Arouet de).
Voltaire couronné.
Washington (Georges).

Vve Renou, Maulde et Cock, impr de la Compagnie des Commissaires-Priseurs, rue de Rivoli, 144. 10889

CONDITIONS DE LA VENTE

L'ordre du Catalogue sera suivi.

Au comptant.

CINQ POUR CENT en plus des enchères, applicables aux frais.

M. VIGNÈRES, chargé de la Vente, remplira les Commissions.

NOTA. Toute Commission sans prix fixé ou sans limite déterminée sera regardée comme nulle.

M. VIGNÈRES se charge de faire marquer les prix aux Catalogues des Ventes qu'il a faites. Les personnes qui le désirent peuvent s'adresser à lui *franco*.

Plusieurs Amateurs éloignés en ont reconnu l'utilité pour les guider dans leurs achats sur les valeurs des Estampes.

Les Catalogues des Ventes à faire seront envoyés aux personnes qui en feront la demande *affranchie*.

AVIS. — Nous prions MM. les Amateurs éloignés de ne pas attendre au dernier jour, pour que les lettres arrivent le matin de la vente, les lettres étant distribuées après mon départ.

Choix de Catalogues avec prix marqués.

770 catalogues aff. a 5c	38	50			1757	
Honoraires 10 %	175	70				
6 mains chemises a 1.50	9					
800 catalogues	176					
75 affiches a 12c en travers & aff.	32		431	20		
Insertion au moniteur des Ventes			11	40		
Déclaration de Vente			2	20		
Timbre du procès verbal			4	20		
Enregistrement			48	25		
Versement en bourse commune			56	10		
Honoraires de Mr Delestre			56	10		
Clerc et Crieur			12			
Location de la Salle 4.			40	20		
Transport a l'hotel			6	10		
Journée du commissionnaire			5	..		
Pour travail supplementaire			10			
			682	75		
Deduire 5 % des requereurs			88		594	75
					1162	25

Houyard 30

Houyard 35

Houyard 40

(464e)

CATALOGUE

ESTAMPES

ANCIENNES, MODERNES ET XVIIIe SIÈCLE

1 **Baudouin** (d'ap.). Les Amants surpris, in-fol., par Harleston, grande marge.

2 — La Soirée des Tuileries, in-fol., par Simonet, belle ép.

3 **Bertaux** (d'ap.) 1776. Le Charlatan français — Le Charlatan allemand, 2 p. in-fol., par Helman. Très-belles ép. avant la dédicace, marge.

4 **Boilly** (d'ap.). La Précaution, — la Solitude, — une Femme mariée, — une jeune Fille. 4 p. sans marge.

5 — La Comparaison des petits pieds, et pendant. 2 p. in-fol. sans marge.

6 — Suite de la douce Impression de l'harmonie. — Qu'elle est gentille ! 2 p. grand in-fol.

7 — Le Sommeil de l'innocence, et pendant. 2 p. grand in-fol., par Texier.

8 — Prends ce biscuit, grand in-fol., par Vidal, marge.

9 — L'Optique, — l'Amour couronné. 2 p. grand in-fol., par Cazenave.

10 — La Surprise, — l'Optique. 2 grand in-fol.

11 **Bonnemain** (d'ap.). La douce Jouissance : Dame faisant l'aumône, le Retour de la consultation, d'ap. Bilcoq, avant la dédicace. 2. p.

12 **Borel** (d'ap.). Le Don intéressé, in-fol., par Voysard.

13 **Boucher** (d'ap.). La Terre, par Daullé, — l'Eau, par Duflos. 2 groupes d'Amours.

14 — Chinoise, — Pastorale, — cartouche avec Vulcain. 3 p.

15 — Sacrifice à Vénus, — les deux Confidentes, 2 p.

16 — C'est la Fille à Simonette, sanguine in-fol.

17 — Le Sommeil interrompu, — les Amants heureux, — et autres. 6 p. sanguine.

18 **Bruyn (de)**, Grand paysage avec nombre de cavaliers au bord d'une rivière où se trouve un homme nu dans l'eau.

19 **Careme** (d'ap.). Sacrifice au dieu Pan, eau-forte pure, grand in-4°.

20 **Chardin** (d'ap.). La Mère laborieuse, in-fol., par Lépicié, 1740. Très-belle ép., marge.

21 — Marguerite Siméone Pouget, petit in-fol., par Chevillet, toute marge.

22 — Le Dessinateur vu de dos, petit in-fol., marge.

23 — Hâte-toi donc, Frontin, in-folio, copie allemande, très-belle épr., marge.

Budejovice 8

Berani 6.

Hongari 20

Berani 8

[illegible]

Pitchoulin 8

Hougard 25

24 **Claude Lorrain** (d'ap.). La Récompense villageoise, par Lebas, — Temple d'Apollon, par Woollett, 2 p. in fol.

25 **Cochin** (d'ap.). La France témoigne son affection à la ville de Liége, par Demarteau. Grand in-4° sanguine.

26 — La Justice protége les arts, petit in-fol.

27 **Costumes.** Femme, homme et enfant, — l'Abbé et le Financier, 2 p.

28 **Cruickshanck.** Tom, Jerry and Logic au Vauxhall, au Souper du bal masqué de l'Opéra, et autre, 3 p. grand in-8° colorié.

29 **Darcis.** La Morale sans réplique : Ne fais pas à autrui ce que tu ne veux pas qui te soit fait, in-fol.

30 **Debucourt.** Barrière du faub. Saint-Martin, in-fol,. grande marge.

31 **Delafosse.** Cheminées, vases, etc., 11 p.

32 **Demarteau** et **Bonnet**, 2 têtes de femmes, sanguines.

33 **Denon.** Mort de la Vierge, d'après Rembrandt, eau-forte in-fol. toute marge, très-belle ép.

34 **Desbrosses** pinx et fecit. Waterloo, in-fol. toute marge.

35 **Deshayes** (d'ap.). La Fidélité surveillante, in-fol. par Hémery.

36 **De Troy** (d'ap.). La Main chaude, et pendant. 2 p. in-fol. Rares.

37 — Suzanne et les vieillards. in-fol. avant la lettre, marge, très-belle ép.

38 — La Naissance de Vénus, grand in-fol., par Fessard, — Diane et ses nymphes, eau-forte pure, 2 p.

39 **Duplessi-Bertaux.** Fête à la vieillesse, grand in-fol., d'ap. Wille fils, avant la lettre.

40 — Bataille d'Arcole, et autres. 2 p., eaux-fortes pures.

41 — Passage du mont Saint-Bernard, prise de Naples, 2 p. in-fol., eaux-fortes pures.

42 **Eaux-fortes pures.** Piron à Auteuil, et non terminé. 2 p. grand in-fol.

43 — Le Pauvre mendiant, la Pèlerine, la Bohémienne, et autre. 4 p. in-fol.

44 — Adam et Eve, — la Balançoire, et autre. 3 p. in-fol.

45 **Ecole du XVIIIe siècle.** Scène maternelle : une mère tient son petit enfant qui a peur d'un carlin. Grand in-fol.

46 **Eisen** (d'ap.). Les Amusements champêtres, par de Longueil, in-4°. Très belle ép.

47 **Fessard.** Les Ouvriers de la vigne, d'ap. Rembrandt, in-fol. Très belle ép., marge,

48 **Foulquier.** R. R. P. Doctissimi Bassinæ, avec tête de femme très grotesque et une grande croix au cou, — le même, cette tête remplacée par une tête de femme en bonnet. 2 ép. très belles et rares.

49 **Fragonard** (d'ap.). Le Baiser dangereux, — Sapho. 2 p. grand in-4°.

50 — Intérieur de Parc, — la Sortie du troupeau. 2 p., par Saint-Nou.

Hougard 10 Berard 4,

Lemarié 3.50 Berard 4,50

Berard 9
si bonne
la 1/2 si faible

Pitchouhin 8

Lemeignan 6 Pitchouhin 7

Pitchouhin 8 Houyard 20

Balezeaux 15. Houyard 15

Houyard 15

Houyard 30

Lemarié 3.50

Roth 10

51 — Le Verre d'eau, par Ponce, — l'Écueil de la sagesse, d'ap. Hoin. 2 p.

52 — La Fontaine d'amour, grand in-fol. par Regnault.

53 — Le Premier pas de l'enfance, grand in-fol. par Regnault et Vidal. Très belle ép., marge.

54 **Freudeberg** (d'ap.). Le Négociant ambulant, — le Soldat en semestre, 2 p. in-fol., marge.

55 — Les époux curieux, — l'Horoscope accompli. 2 p. in-fol., marge.

56 **Fryberg** (d'ap.). Amusements villageois. 2 p. ovales in-4°, sans marge.

57 **Gérard** (d'ap. Mlle). L'Élève intéressante, — — Le Triomphe de Minette. 2 p. grand in-fol., avant la dédicace.

58 — Le Présent, — l'Étude de la musique. 2. p. grand in-fol.

59 — L'Espoir du retour, — le Présent. 2 p. grand in-fol.

60 — Dors, mon enfant, — L'Espoir du retour. 2 p. très grand in-fol., très belles ép.

61 — Je m'occupais de vous, — Les premières caresses du jour. 2 p. très grand in-fol.

62 — Amour la consume, — Je m'occupais de vous. 2 p. très grand in-fol. marge.

63 — Souvenir d'amour, — Je m'occupais de vous. 2 p. très grand in-fol., marge.

64 **Germain**, 1775. Projet d'un pont triomphal à la gloire de Louis XVI. In-fol. en bistre.

65 **Girardet**. Grande revue de Napoléon au champ de Mars, très belle ép. avant la lettre.

66 **Greuze** (d'ap.). La Paresseuse, par Moitte. Très belle ép.

67 **Huet** (d'ap.). Les Pêcheurs, — Amour tenant un pigeon, sanguine. 2 p. petit in-fol., marge.

68 **Ingouf**. Adoration des bergers, d'après Ribera, eau-forte pure, in-fol., toute marge.

69 **Isabey** (d'ap.). Trois petites filles, dont une tient son chat, in-fol., par Copia.

70 **Janinet**. Liberté, d'ap. Moitte, petit in-fol.

71 **Jazet**. Course de traîneaux à Krasnoi-Kabak, in-fol. ,d'ap. Saverweid, très belle ép., grande marge.

72 **Jeaurat** (d'ap.). Le Fiacre, par Duflos, 1750, petit in-fol. Très belle ép., marge.

73 **Kauffman** (d'ap. Aug.). Andromaque pleurant Hector, manière noire, in-fol., par Burke, belle ép.

74 **Klauber**. Le Sauveur du monde, petit-in-fol. d'après Stella. Très belle ép., marge.

75 **Lancret** (d'ap). Le Turc amoureux, par Schmidt.

76 — On ne s'avise jamais de tout, conte de La Fontaine, in-fol., par Larmessin.

77 **Larmessin.** Le Villageois qui cherche son veau, conte de La Fontaine, in-fol., d'ap. Vleughels.

78 **Lavreince** (d'ap.). Qu'en dit l'abbé, in-fol., par de Launay.

79 **Leenhoff**. La Fuite de Loth, in-fol., d'ap. Rubens. Très-belle ép. sur chine.

Pitchoukin 6 Barras 12

Pitchoukin 6 ~~Bourgeois 15~~

[illegible] 15

~~Hoyard~~ 30 Chamonin 8
: ~~avant Bulder~~

Hoyard 30 Chamonin 8
: avt. Bulder
oui

~~Hoyard 15~~ Duperray 50 Lemoignen 6
Si bon, si non
non

Pitchoukin 10

Pitchoukin 10

Hedon 5

Hedon 5

Bernard 5.50

Baleycaurn 20, Hedon 10

80 **Le Moine** ('d'ap.). Jacob aperçoit Rachel, grand in-fol., par Cochin, très belle ép., marge.

81 — Hercule et Omphale, in fol., par Cars. Très belle ép., marge.

82 — Isis entrant au bain, in-fol., par Cars. Très belle ép., marge.

83 **Le Prince** (d'ap.). La lettre rendue, eau-forte pure, in-fol. ovale.

84 — La lettre envoyée, ovale équarri, in-fol., par De Launay, belle ép.

85 — Mère et enfant, fac-simile de dessins, crayons noir et blanc, par Janinet, — Vieille et Vieillard regardant une jeune fille qui dort. 2. p. in-fol.

86 — Le Médecin clairvoyant, in-fol., par Helman, belle ép.

87 — Chefs kalmoucks au bivouac, — les Bergers russes, — le Réveil des enfants. 3 p. in-fol., marge.

88 — L'enrôlement, — genéral donnant des ordres sur un plan de fortification, eau-forte pure, 2 p.

89 **Leroy** (Louis). La Croix du chemin en Bretagne, eau-forte in-fol. toute marge.

90 **Marin**. Souvenir d'un heureux temps, petit in-fol. en couleur.

91 **Mark**. Le Présent, d'après Mlle Gérard, — La Visite, d'après Griner. 2 p. petit in-fol. bistre, rares.

92 **Martini** et Le Bas. Vue de Lyon et de la côte de Fourvière. 2 p. grand in-fol. avant la lettre, ont été encadrées.

93 **Moreau**. Le festin royal, in-fol.

94 — Betsabée au bain, ou la coupeuse d'ongles, in-fol. d'ap. Rembrandt. Très belle ép.

95 **Moreau** (d'ap.). Titre de l'histoire de la Suisse, — Tombeau de Rousseau, — Vue de Motier travers, par Choffard. 3p. petit in-fol.

96 **Née**. 1re vue du château de Versailles, et 2 vues de Bagatelle? 3 p. in-fol.

97 **Ornements** anciens. Le Pautre, Marillier, Ranson. Meubles, vases, etc. 100 p.

98 — Cahiers de cartouches, vases, etc. 25 p.

99 — Cartouches et titres d'ouvrages. 60 p.

100 — Cheminées, décorations intérieures, chandeliers, flambeaux, ornements de Babel. 64 p.

101 — Modernes, d'ap. Queverdo et autres. 80 p.

102 — Lits et draperies de croisées. 31 p. coloriées.

103 **Oudry** (d'ap.). La chienne braque [avec] toute sa famille. Grand in-fol. par Daullé.

104 **Outhwaite**. Automne, soir, avec la bordure et la lettre. — Hiver, avant la bordure, ép. d'artiste sur chine. 2 p. des peintures de l'Hôtel de Ville de Paris.

105 **Pièces historiques**. Incendie de Moscou en 1812. — Nouvelle ville de Moscou reconstruite en 1820. 2 p. grand in-fol. en couleur.

106 **Pièce en couleur**. Sommeil de Vénus, à Londres chez Vivares. In-4., marge.

très petites marges

Superray 40 Beraud 6 Amanieu 50 si très belles bien conservées marges et pas besoin de laver

Pitchoukin 9

Franck – 5

Lemeignan 15

Lemeignan 10

Rovinski Rotis 15.

Bourges 10 Pilchoutin 7

Hongard 5

Duperray 10 Hongard 5

107 **Pièces à la sanguine**. Sujets divers. 30 p.

108 **Poussin** (d'ap.). Le testament d'Eudamidas. Grand in-fol., par Pesne. Très-belle ép.

109 **Prevost**. Louis XIV bénissant son petit-fils. Petit in-fol. d'ap. Hersent. Très belle ép. avant la lettre, toute marge.

110 **Prudhon** (d'ap.). Le Cruel se rit des pleurs qu'il fait verser. In-fol. par Copia. Très belle ép. marge.

112 — La vengeance de Cérès. In-fol. Très belle ép., marge.

113 **Queverdo** (d'ap.). Cephise surprise près du bain. — Les amours pastorales. 2 p. petit in-fol.

114 **Ranson**. Trophées. 6 p., toute marge.

115 — 4e cahier de décorations d'appartements. 6 p. in-fol. rares.

116 **Reynolds**. Scéne de chasse. In fol. sans marge.

117 **Robert** d'ap.). Religieuse, à laquelle on apporte un rosier. — Deux jeunes filles dérobent des fleurs à un religieux en prières 2. p. in-fol. en couleur.

118 **Roger**. Orphée charmant les bergers. Ovale in-fol. en travers, d'ap. Thevenin.

119 **Schenau**. La Mère bien aimée entourée de cinq enfants. — Le père entouré de cinq enfants. 2 p. petit in-fol. en bistre.

120 — Le perroquet mignon, par Louis Gaillard. in-fol.

121 — La Méditation. In-fol. par Gaillard.

122 **Singleton** (d'ap). Scène de famille : Un petit garçon présente une glace à son petit frère, sur les genoux de sa mère. Grand in-fol., avant la lettre.

123 **Troost** (d'ap.). Corps de garde des officiers hollandais. — Second corps de garde d'officiers hollandais. 2 p. Très belles ép., marge.

124 **Vangorp** (d'ap.). Entrevue consolante. — Reviendra-t-il le volage. 2 p. grand in-fol., marge.

125 **Vanloo** (d'ap.). Scènes de la vie de Saint-Grégoire, n°s 2, 4, 5. 3 p. grand in-fol., marge.

126 — Halte d'officiers. — Bacha faisant peindre sa maîtresse. Grand in-fol., 2 p.

127 **Vernet** (d'ap. Joseph). Pêcheurs et laveuses. 2 p. in-fol. eaux-fortes pures.

128 — Soldats sur un rocher. — Grand naufrage. 2 p. in-fol. eaux-fortes pures.

129 — Port de mer d'Italie. — Départ pour la pêche. — Marine. 3 p. in-fol.

130 **Vernet** (Carle). Homme vu de dos sur un cheval, en conduit un autre par la bride. Eau-forte pure attribuée. in-fol., marge, très-rare.

131 **Vernet** (d'ap. Carle). Cuirassier français, — Hussard anglais, — Officier de dragons danois, — et autres. 6 p. par Debucourt. Toute marge.

132 **Vernet** (d'ap. Horace). Général de division, — Officier supérieur, — Guides, — Cuirassier, — 10 p., par Levachez. In-fol., toute marge.

Balogeaux 30

Lemarié 7.50

Lemarié 2.50

Deona 5

Deona 5

Berard 5

Berard 4

Berard 6 Balzeaux 30

Martin 12

Martin 12

133 **Watteau** (d'ap.). Homme avec rabat, longs cheveux et grand chapeau. Eau-forte, par Boucher. Très belle ép., marge.

134 — Dame à sa toilette. In-fol. en travers, très belle ép.

135 — Jeune femme pinçant de la mandoline, et autre assise. 2 p. petit in-fol.

136 — La signature d'u contrat de la noce de village. In-fol, eau-forte pure.

137 — La favorite de Flore, — le marchand d'orviétan. 2 arabesques, par Moyreau. In-fol.

138 **Weiss.** Représentation des édifices et décorations et du feu d'artifice à Strasbourg, en 1749, à l'occasion de la Paix. Grand in-fol.

139 **Wille** fils (d'ap.). La mère contente, — la mère mécontente. 2 p. in-fol. par Ingouf. marge.

140 **Ecole du XVIIIe siècle.** Debucourt, Greuze, Wille fils, etc. 12 p.

141 — d'ap. Fragonard, le verre d'eau, et autres. 12 p.

142 — d'ap. Mlle Gerard, Fragonard, Pater, Vanloo, etc. 16 p. in-fol.

143 **Ecoles diverses.** Char de Cérès, Adam et Eve, sujets de la Bible, et autres. 14 p. in-fol.

PORTRAITS

144 **Alix.** Buffon, — Condillac, — Linné, — Montaigne, — J.-J. Rousseau. 5 p. ovales en couleur, petit in-fol., très belles ép.

145 — Descartes, — Fénelon, — Helvetius, — Raynal. 4 p. ovales en couleur, petit in-fol., très belles ép., sans lettres.

146 **Audouin**. Duc d'Angoulême, — Duchesse, par Lignon. — Duc de Berry. 3 p. in-fol.

147 **Balechou**. Guil. Charles-Henri Friso, prince d'Orange. In-fol. d'ap. Aved. Superbe ép. toute marge.

148 **Bourgeois de la Richardière**. Napoléon Ier. In-fol., en couleur.

149 **Brookshaw**. Louis-Philippe, duc d'Orléans, Ier prince du sang, né le 12 Mai 1724. Manière noire, in-fol., marge rare.

150 **Calamatta**. Ch. Legentil, président de la Chambre de commerce de Paris. In-fol. Très-belle ép., marge.

151 **Champagne** (d'ap.). Portrait d'un magistrat. Petit in-fol., toute marge.

152 **Charon**. Général Rapp, en pied, en bistre et en couleur, in-fol.

153 **Cochin** (d'ap.). Clicquot de Blervache, — Raynal, — Savalette de Buchelay, — Slodtz. 5 p.

154 **Condé** et Reynolds. Mme Rose Didelot, rôle de Calipso. Grand in-fol.

155 **Copia**. Le porte-drapeau de la fête civique, avant et avec la lettre, c'est Chenard dans ce rôle. 2 p. in-fol.

156 **Delegorgue**. Marquise de Sévigné. In-fol., d'ap. Nanteuil, belle ép., rare.

157 **De Marcenay**. Sully. — Van Dyck. 2 p. in-8.

Pitchoutin 12 Balezeaux 10

Pitchoutin 9 Lemarié 4.50

Hedon 10

Balezeaux 10

Balezeaux 10

Hedon

Pitchoutin 8

Hedon 5

Bulejeaux 25 Pitchoukin 12

Roth 6 Pitchoukin 8 Hedon 10

Pitchoukin 5

Lemarié 3

Lemeignen 5

Bourge 10

Pitchoukin 4 Hougard 3

Lemeignen 6

Bulejeaux 20

158 **Dien.** N. M. Gatteaux, graveur de médailles. In-fol d'ap. Ingres, très belle ép. sur chine.

159 **Dupont** (Henriquel). La dame et sa fille, d'ap. Van Dyck, avant la lettre, toute marge.

160 — Comte Philippe de Ségur, lieut. général. In-fol. Très belle ép,, toute marge.

161 **Dupuis.** Jean de Betzkoy, en pied. Grand in-fol. d'ap. Roslin.

162 **Dyck** (d'ap. Van). Marie de Médicis, — Aubert Miré. 2 p.

163 **Edelinck.** Furetière. académicien. In-fol. Très belle.

164 **Elluin.** François-Réné Molé, rôle de Beverley. Grand in-fol., d'ap. Leclerc.

165 **François.** Le Père La Beq. Fac simile de dessin, d'ap. Fredou. Petit in-fol., toute marge rare.

166 **Ficquet** et Savart. Regnard, J.-J. Rousseau, Richelieu. 3 p.

167 **Freidhof.** Louise d'Anhalt Dessau, manière noire, in-fol., toute marge.

168 **Fritzsch.** Georges III, assis presque en pied. Grand in-fol., d'ap. Zoffany.

169 **Garnier.** A. Carrel, manière noire, in-fol., d'ap. Scheffer,

170 **Girard.** Lamartine, manière noire, in-fol., avant et avec la lettre. 2 p.

171 **Gaucher.** Fanny Beaumarchais, — Buffon, — Piis, — Réné de Sicile. 4 p.

172 **Green.** Portrait de femme à mi-corps, manière noire, in-fol.

173 **Guerard.** Prince Espagnol, presqu'en pied. eau-forte, d'ap. Velasquez, in-fol., très belle ép., toute marge.

174 **Larmessin.** Louis XV, à cheval, d'ap. Parrocel et Vanloo. Grand in fol., très belle ép.

175 — Marie Leczinska, en pied, en grand costume de reine de France. Grand in-fol., d'ap. Vanloo. Très belle ép.

176 **Ludy.** Pie IX entre Saint-Pierre et Saint-Paul. Grand in-fol. Superbe ép. sur chine.

177 **Manigaud.** Léon XIII. Petit in-fol. sur chine, superbe ép., marge.

178 **Meryon** 1856. Portrait d'homme à mi-corps, assis, tenant son chapeau et sa canne. In-fol., eau-forte d'ap. G. B. sur papier du Japon, rare.

179 **Nanteuil.** Marquis de Castelnau. Petit in-fol. Très belle ép.

180 — Georges de Scudery, Petit in-fol. [1er état avant la planche coupée.

181 **Pauquet.** Clovis, Louis XI, Alexandre II, Nicolas, et autres. 5 p. en pieds avant la lettre, toute marge, avec dédicaces signées.

182 **Petit.** Louis XV, en pied. Grand in-fol., d'ap. Vanloo.

183 **Riffaut.** Le comte de Nieuwerkerke, héliographie, d'ap. Ingres, très belle ép., avant la lettre, marge.

184 **Say** (W.). John Earl of Morley, manière noire. In-fol., marge.

Balezeaux 20

Balezeaux 20 Bourge 20 Berard 14

Balezeaux 10 Berard 3.

Pitchoutin 9

Berard 2

Balezeaux 8

Ditchy 5

Bourges 10

Laruelle 10

Balezeaux 10

Lemeignen 8

Lemarié 2 Houyard 8

185 **Swebach.** Dupin aîné, en pied, assis dans son cabinet. Manière noire, in-fol., marge.

186 **Saint-Aubin.** Bosquillon, Condorcet, Linguet, et autres. 14 p.

187 **Schmidt.** L'Abbé Prévost, auteur de Manon Lescaut. In-4. Très belle ép.

188 **Tomkins.** Allégorie avec le médaillon du duc d'Enghein. Petit in-fol. en bistre, rare.

189 **Trinquesse** (d'ap.). Lempereur, graveur, Petit in-fol., marge.

190 **Vangelisty.** Maréchal duc de Richelieu, en pied, grand in-fol., d'ap. Gault de Saint-Germain. Grande marge.

191 — Mlle Caroline Wuiet. Ovale, petit in-fol, en travers, marge.

192 **Vermeulen.** Marie-Louise de Tassis, à mi-corps, in-fol., d'ap. Van Dyck, toute marge.

193 **Portraits.** Louis XIV, en manteau, en pied, à mi-corps, par Drevet, la Madeleine d'Edelinck, et autres. 5 p.

194 — Catherine II, Joseph II, Abdul Hamid, — Romanzow, Lacy, Mehemet. Six portraits historiques, en petits ronds sur 2 feuilles

195 ***Bonaparte*** à Arcole, par Longhi, — Il a tenu parole, allégorie. 2 p. in-fol.

196 ***Greuze*** (Mme). Tête grandeur naturelle,. sanguine, par Bonnet.

197 ***Holman*** (Vincent). In-fol., par Simon, toute marge.

198 ***Hue de Miroménil***, à mi-corps assis, avant toute lettre., in-fol., marge.

199 ***Joseph II***, in-fol., avant toute lettre.

200 ***Louis XV***, en costume romain, par Cars, — par Fessard. 2 p., allégoriques, grand in-fol.

201 ***Louis XVI***, son testament avec ses adieux à sa famille, petit rond, au-dessus du texte, in-fol.

202 — Secourant des villageois pendant l'hiver, in-fol., eau-forte pure.

203 — Monument à sa gloire, allégorie, par Vangelisty d'ap. Monsiau, grand in-fol.

204 ***Marie-Antoinette***, par Porporati. Ovale, in-4, toute marge. Très-belle ép. sur chine,

205 ***Mirabeau***, médaillon soutenu par la Vérité, Tremblez tirans qu'il ne s'éveille, allégorie, in-fol., marge.

206 ***Necker***, l'hommage sincère, médaillon entouré de figures allégoriques, in-fol., bistre, par Amicus, marge.

207 ***Quesnel*** (Pasquier), in-fol.

208 ***Sevigné*** (Marie de Rabutin Chantal marquise de)

209 — Jeanne Marguerite de Bréhant de Mauron, marquise de Sevigné. 2 p., petit in-4. Très-belles ép. sur chine, très grande marge.

210 **Portraits**. Artistes, Peintres, Sculpteurs, Graveurs. 40 p.

211 — Clergé, Papes, etc. 25 p.

212 — Députés et généraux de la Révolution. 33 p.

213 — Ecrivains, littérateurs, etc. 100 p.

214 — Femmes célèbres. 22 p.

Pitchp. 5. Pitchoukin 9

élièvre 10 .

. Teissier 40. Pelissier.

Pelissier

Pelissier

O. Tessier 25.

Pelissier

Verzier 20
si parfait etat

215 — Musiciens, compositeurs, etc. 18 p.

216 — Rois de France, de François 1er à Louis XVIII et famille. 52 p.

217 **Portraits** anciens, célébrités diverses de l'in-8 à l'in-fol. 100 p.

218 — Eaux-fortes pures. 13 p.

219 — Par des aqua fortistes modernes. 22 p.

220 — Modernes, célébrités diverses. 240 p., 3 lots.

221 — Tirés des collections Blaisot et autre. 43 p.

222 — Au trait, pour une biographie. 152 p.

VIGNETTES, ILLUSTRATIONS

223 **Béranger**. Vignettes pour les chansons. 50 p.

224 **Bernardin de Saint-Pierre**. Vignettes de diverses suites de Paul et Virginie. 20 p.

225 **Cervantes**. Don Quichotte. 31 p.

226 **Cottin** (Mme). Vignettes in-12, avant la lettre. 51 p., dont une eau-forte.

227 **Dupont** (Pierre). Vignettes pour ses chansons. 98 p.

228 **Florian**. Vignettes d'ap. Moreau avant la lettre. 8 p., in-8.

229 **Goethe**. Vignettes pour Werther, par Johannot. 7 p. dont 5 avant la lettre des doubles.

230 **Grécourt**. Edition Chaigneau 1796, d'ap. Fragonard. 6 p. d'une suite de neuf pièces avant la lettre, non rognées.

231 **La Fontaine**. Vignettes pour les contes, d'ap. Eisen, etc. 15 p.

232 — Petite suite des contes. 45 p. in-18.

233 — Suite d'ap. Cochin, pour les contes. 34 p.

234 **Molière**. Vignettes in-4, d'ap. Boucher, par Cars. Edition Eudes. 34 p., toute marge.

235 **Ovide**. Métamorphoses. 4 p. d'ap. Moreau, avant la lettre, édition Villenave.

236 **Racine**. Vignettes d'ap. Moreau. 11 p. in-8.

237 — Vignettes d'ap. Le Barbier et le portrait, par Gaucher. 11 p.

238 — Vignettes in-fol., publiées par Didot. 57 p.

239 **Rousseau** (J.-J.). Réunion de 35 p., dont une eau-forte.

240 — Réunion de 24 p., dont 4. Titres.

241 **Tasse**. Aminte. 15 p.

242 — Jérusalem délivrée. 40 p.

243 **Voltaire**. Vignettes d'ap. Chasselat. 40 p. —

243 *bis* — Eaux-fortes pures. 26 p.

244 — Vignettes d'ap. Moreau 1re et 2e suite. 108 p. in-8.

245 — Vignettes d'ap. Gravèlot. 20 p., in-4.

246 **Gravelot** (d'ap.). L'honnête criminel, suite complète de 5 p.

247 **Johannot**. Vignettes pour Walter-Scott. 29 p.

248 — Vignettes à l'eau-forte pure, pour Walter-Scott. 62 p., quelques-unes par divers.

249 — Eaux-fortes, lithographies, vignettes par et d'ap. Tony et Alfred. 80 p.

250 — Vignettes pour Tom-Jones, suite complète de 4 p., sur chine. 1 50

251 **Marillier.** La Bible. 40 p., dont 18 avant la lettre. 4 50

252 — Vignettes pour divers ouvrages. 66 p. 7

253 **Moreau** (d'ap.). Vignettes in-12, in-8 et in-4, pour Rousseau et autres. 40 p. 8

254 — Conquête du Pérou, contes de la Fontaine, Voltaire, etc. 43 p. 6 50

255 **Vignettes** sur bois d'ap. Grandville, Johannot, Raffet, la plupart sur chine. 260 p. 13

256 — Anglaises, plusieurs sur chine, et avant la lettre. 32 p. 5

257 — Avant la lettre, la plupart sur chine et eaux-fortes. 30 p. 6 50

258 — Pour divers ouvrages. 232 p. 3 lots. 63 12 / 82 5 50 / 82 1

emarié 29 Lithog. Fontainebleau, caricatures etc. 2

mann. 12 Piranesi 4 50

x 50 Portraits de femmes Lithog. 7 50

x 60 Perelle 6 50

x 50 Sujets Mythologiques 2 50

V^es RENOU, MAULDE et COCK, impr^s de la Cie des Commissaires-Priseurs, rue de Rivoli, 144. 10889

PORTRAITS EN BISTRE

NOUVELLEMENT PUBLIÉS

Chez VIGNÈRES, Marchand d'Estampes

Rue de la Monnaie, 21 (ancien 13)

Aissée (Mademoiselle).
Aubigné (Théodore-Agrippa d'), historien.
Bourbon (Elisabeth-Alex.), Mlle de Sens.
Bourbon Condé (Louis de), comte de Clermont.
Charolais (Mlle L.-A. de Bourbon), en moine.
Conti (Diane d'Orléans princesse de).
Corisande (Labelle), Diane d'Andouins.
Dillon (Arthur), gouverneur en Amérique, député.
Drouet, maître de poste à Sainte-Menehould.
Harlay (Achille III de).
Holbach (Madame la baronne d').
Maine (L.-A. de Bourbon, duc du)
Polignac (Madame la duchesse de).

CETTE COLLECTION SE COMPOSE

DE

PLUS DE 100 PORTRAITS

Avec la lettre,	papier blanc	1 »
—	papier de Chine	1 25
Avant la lettre,	papier blanc	2 »
—	papier de Chine	2 50

Nombreuse Collection de Portraits pour illustration

www.ingramcontent.com/pod-product-compliance
Ingram Content Group UK Ltd.
Pitfield, Milton Keynes, MK11 3LW, UK
UKHW021519260726
13993UKWH00004B/1763

9 782329 517278